AF498211

CATALOGUE

D'UNE COLLECTION

DE TABLEAUX

ANCIENS,

Des Écoles Flamande, Hollandaise et Française,

Dont la Vente publique et aux enchères

Aura lieu le (4 MARS 1847,) et jours suivans, à deux heures de l'après-midi,

RUE DE L'ÉCU, Nº 81,

Par le ministère de M. DUTERTRE, Commissaire-Priseur.

———•———

EXPOSITION PUBLIQUE

Tous les jours, de 10 à 4 heures, du 28 Février au 3 Mars.

———•———

BOULOGNE :

IMPRIMERIE DE H. DELAHODDE, 7, GRANDE-RUE.

1847.

CONDITIONS DE LA VENTE.

———

Il sera perçu cinq pour cent en sus des enchères. Les Tableaux, dès qu'ils sont adjugés, devront être acceptés par les adjudicataires, sans que sous prétexte d'erreur dans la désignation du maître, ou pour tout autre motif, ils puissent les refuser.

AVERTISSEMENT.

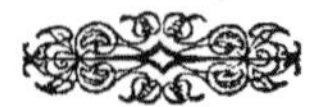

La Collection dont nous annonçons la vente se compose des tableaux Flamands, Hollandais et Français, C'est un choix parmi ceux achetés par M. de La Motte Fouquet, qui se retire définitivement du commerce. Dans cette réunion on remarque principalement des productions importantes par Van Dyck, Van der Neer, Rubens et Weldens, Hugtenburg, Rembrandt, Brauwer, Seghers, Mignard (Pierre). De Heem, de la Rivo, Lingelbach et Wynants, et autres peintres : entre autres un charmant petit tableau *d'Effet de lumière*, d'un maître inconnu.

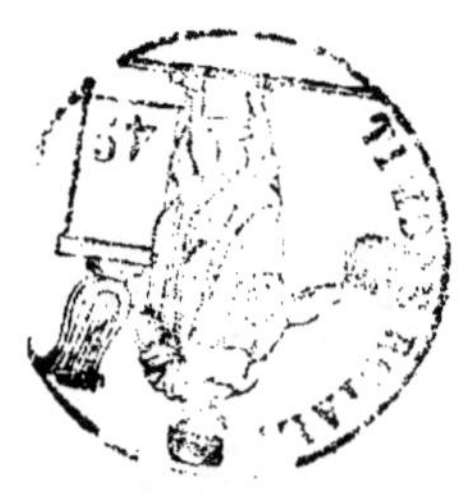
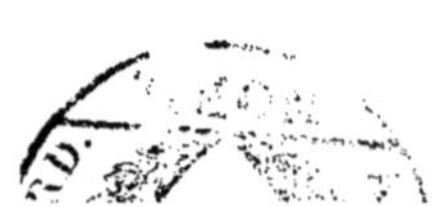

DÉSIGNATION
DES TABLEAUX.

PREMIÈRE VACATION, JEUDI 4 MARS 1847.

VAN ASCH.

1 — Paysage. Vue de Hollande. Le Départ pour la chasse aux faucons. H. 70 c. L. 100 c.—B.

ÉCOLE TERBURG.

2 — Un homme qui fait crier un chat. H. 84. L. 67. —B.

PENDANT.

3 — Une femme tenant un fleur à la main. H. 84. L. 67.—B.

J. WILS (Oval).

4. — Paysage. Beau site où serpente une rivière avec un pont en bois, sur lequel passe un troupeau de moutons. H. 65. L. 86.—B.

ÉCOLE HOLLANDAISE.

5 — Un portrait d'homme. H. 82. L. 68.—T.

ÉCOLE FLAMANDE (Ancienne copie).

6 — Portrait d'Isabelle-Claire-Eugénie, Infante d'Espagne et gouvernante des Pays-Bas. H. 95. L. 69.—T.

VAN FALENS.

7 — Un page tient un cheval blanc par la bride ; une dame est à côté sur un cheval brun. H. 21. L. 19.—T.

ÉCOLE ESPAGNOLE.

8 — L'Adoration des Mages. H. 21. L. 16.— Cuivre.

PENDANT.

9 — L'adoration des Bergers. Ces deux tableaux sont d'une conservation parfaite. H. 21. L. 16.—Cuivre.

LANCRET.

10 — Des cavaliers et des dames prennent une collation champêtre. H. 61. L. 55.—T.

WEINTRANK.

11 — Paysage avec rivière, près de laquelle se trouvent plusieurs canards. Joli tableau du maître. H. 56. L. 47.—B.

OTTO VENIUS.

12 — Intérieur où des brigands se sont introduits. L'un d'eux prend le manger qui est sur la table; un autre fait descendre les provisions qui pendent au haut du plafond ; un troisième tient l'hôte de la maison par les cheveux et est prêt à lui trancher la tête; une femme lui présente de l'argent et tâche de le retenir. Sur le second plan, une jeune femme debout près de la cheminée, et ayant près d'elle un jeune enfant dans une extrême agitation. Tableau bien conservé. H. 76. L. 108.—B.

SEBASTIEN RICI (Ecole d'Italie).

13 — Paysage représentant une superbe cascade,

qu'on présume être celui du Tivoli. Tableau d'un effet très-piquant. H. 5. L. 74.—T.

M. WYTHOAS.

14 — Allégorie représentant Rome et les ruines du Colisée. H. 90. L. 125.—T.

BRAUWER (Adrien).

15 — Intérieur. Un homme assis sur un tonneau, s'amusant à fumer, tenant d'une main sa pipe et poussant la fumée du tabac en l'air ; élevant la tête et appuyant le pied sur un escabeau dans l'attitude la plus rustique. Un pot à bière sur une table, un linge sur un tonneau à beurre, une casserole en cuivre ; plusieurs pots de terre sont à droite du tableau. Trois personnages tiennent une conversation à côté d'une cheminée. Un ton chaud, vigoureux, une vérité frappante, rendent ce chef-d'œuvre admirable. H. 41. L. 59.—B.

VAN ARTOIS.

16 — Ce tableau représente une forêt : un chasseur est prêt à tirer. H. 69. L. 244.

BREUGHEL.

17 — Paysage au lointain. Les figures sont par Téniers père. H. 40. L. 70.—B.

VAN KESSEL.

18 — Une basse-cour. Des cocqs, poulets, dindons, canards et autres volailles. H. 59. L. 73.—T.

ZORG (Henri).

19 — Intérieur d'une chambre rustique hollandaise.

Tous les accessoires sont d'un fini précieux et d'une conservation parfaite. H. 415. L. 61.—B.

PANNINI.

20 — Tableau représentant la Place du Peuple à Rome. Dans le second plan, les églises de Maria Minore et de Maria Majoré. H. 47. L. 72.—T.

INCONNU.

— Des contrebandiers dans une grotte, avec plusieurs chevaux. H. 20. L. 28.—T.

SEGHERS.

22 — Un médaillon entouré d'une guirlande de fleurs. II. 114. L. 80.—T.

INCONNU.

23 — La mort de Cléopâtre. H. 62. L. 49.

VAN THULDEN.

24 — La Vierge et l'Enfant-Jésus mettant sa main sur la Mappemonde. H. 83. L.—0.

INCONNU.

25 — Paysage. Effet de nuit. H. 29. L. 37.—T.

INCONNU.

26 — Deux petites vues d'Italie (pastel).

LASTMANN (P).

27 — Portrait d'homme.

VAN THULDEN.

28 — St. Andréa et Ste. Catharina, tableau d'un bel effet et bien conservé. II. 70. L. 46 —B.

M. DE VOS.

29 — L'Adoration des Bergers. Ce beau tableau décorait autrefois le maître-autel de l'église des Jésuites à Aire. Le pendant de ce beau tableau se trouve actuellement au musée d'Anvers. H. 270. L. 215.—B.

INCONNU.

30 — Des huîtres, et accessoires. H. 35. L. 90. — B.

INCONNU.

31 — Un perroquet mangeant des cerises. Petit joli tableau. H. 23. L. 18.—B.

VAN DER VENNE.

32 — Tête de vieillard.

PENDANT.

52 *bis*—Tête de vieillard. La touche et la transparence de ces deux portraits sont dignes de Rembrandt. H.23. L.18.—B.

ECOLE DE WONVERMANS.

33 — Halte de voyageurs devant une hôtellerie. H.80. L. 115.—T.

POTTER (Attribué à Paul).

34 — Ce tableau représente une forêt avec plusieurs groupes de cerfs. L'expression vraie et naturelle des animaux, la belle harmonie des couleurs et le beau fini de ce chef-d'œuvre, ne laissent rien à désirer; il est d'une conservation parfaite. H. 64. L. 82.—T.

ÉCOLE DE RUBENS.

35 — Le Christ sur la croix. Belle conservation. H. 103. L. 70.—B.

LARGILLIER.

36 — Portrait d'un magistrat avec belles mains. L. 80.
L. 70.—T.

G. DE LA RIVO.

37 — Paysage avec animaux. Une exception harmonieuse rappelle au premier aspect l'école de Vande Velde. Belle conservation. H. 40 L. 50.—T.

LINGELBACH ET WYNANTS.

Les rayons du soleil éclairent un joli groupe d'enfans qui jouent aux dés. On remarque sur ce charmant tableau, que l'on peut nommer chef-d'œuvre, des détails piquans, des poses pleines de naturel ; une touche délicate, argentine et vaporeuse. H. 49. L. 53.

BREUGHEL.

39 — Paysage. A côté d'un bois l'on découvre un chariot attelé de deux chevaux conduits par un paysan. Dans le lointain on aperçoit une ville ; à droite du tableau, une mare d'eau entourée d'arbres. Le choix des arbres et la composition sont très-heureux. H. 60. L. 100 —B.

HONTHORST, surnommé *de la Note.*

40 — La jalousie. Effet de nuit. H. 110. L 95.—T.

J. VAN HUGTENBURGH.

41 — Ce beau tableau représente la bataille de Denain. Le cavalier à droite est le portrait du maréchal Villars. C'est une des pièces les plus capitales de ce maître. Correct de dessin, un ton des plus argentins et conservation parfaite.—H. 48. 66.—T.

LEPICIER.

42 — Le marchand de gateaux , tableau largement peint et d'une belle couleur. H. 105. L. 89.—T.

LIMBORG.

43 — Joli sujet de famille, le plus agréablement composé, de la plus belle couleur. H. 63. L. 75.—T.

SCHUTZ ET SEGHERS.

44 — Deux enfans tenant une guirlande de fleurs. Les fleurs sont de Seghers. Naturellement peints et groupés avec art. H. 84. L. 105.—T.

ÉCOLE RUBENS.

45 Portrait d'un joli enfant, tenant en laisse un petit chien. H. 95. L. 70.

MAES (Nicolas).

46 — Portrait d'une dame tenant un livre à la main; elle est assise auprès d'une table couverte d'un tapis vert. H. 83. L. 105.—T.

DU MÊME.

47 — Beau portrait d'homme avec perruque, belle touche, belles couleurs et conservation. H. 33. L. 44—T.

DU MÊME.

48 — Portrait en pied d'un enfant habillé en satin blanc, donnant à boire à un daim. H. 54. L. 56.—T.

REMBRANDT (Van Rhyn).

49 — La décolation de St.-Jean-Baptiste. Ce tableau a toujours été regardé par les connaisseurs pour l'une

des meilleures productions du maître et le plus beau en
France. H. 105. L. 66.—T.

ÉCOLE HOBEMA.

50 — Grand paysage. L'entrée d'une forêt. H. 168.
L. 118.

INCONNU.

51 — Marine. H. 55. L. 72.—B.

HEEM (David de).

52 — Fleurs et fruits. Une touche facile et spirituelle
donne à cette composition une légèreté de transparence
inimitable. Pièce capitale de ce maître. H. 65. L. 52.—T.

ROTTENHAMER.

53 — Vision de St.-Pierre. Beau dessin d'une exécution très-soignée. H. 35. L. 25.—B.

DE LORME.

Intérieur d'une église gothique. H. 40. L. 60.

CUYP (Albert).

55 — Paysage. Six vaches dont plusieurs debout,
entre autres un jeune taureau vu de face, d'un raccourci
surprenant. Effet du soleil couchant; ce beau tableau est
peint dans la meilleure manière du maître, et il est incon-
testable. H. 32. L. 47.

ÉCOLE TERBURG.

55 — Portrait d'une dame hollandaise. H. 70. L. 54.

WATTEAU (Louis).

57 — Paysage orné de figures, représentant des per-

sonnages qui partent pour la chasse. H. 43. L. 54.—T.

INCONNU (*manière de Gérard Dow*).

58 — Une cuisinière est occupée à remplir une bouilloire d'eau. Plusieurs gouttes d'eau sont répandues sur la bouilloire, avec plusieurs accessoires en cuivre; effet de lumière. — L'exécution est très-soignée et harmonieuse. H. 30. L. 24.—B.

MAES GODFRIED.

59 — St.-François, tableau dans la manière de Ribeira : beau de couleur et effet. H. 100. L. 89.—T.

VAN DYCK (Antoine).

60 — Portrait d'un Magistrat. Il est de la plus étonnante vérité et un des plus précieux portraits sortis du pinceau magique de Van Dyck. La main paraît sortir de la toile. Il provient de la famille des comtes de Rainesse, en Hollande. H. 108. L. 76.—B.

HUGSMAN (de Maline).

61 — Paysage. H. 56. L. 70.—T.

BACKHUYSEN (copie).

62 — Marine. H. 40. L. 59.—T.

VANDER CAPPEL.

63 — Marine, représentant une mer calme : entrée de la Tamise. — Plusieurs vaisseaux sont à l'ancre. H. 68. L. 114.—

MARTIN.

64 — Une Bataille. H. 54. L. 77.—T.

BOUCHER.

65 — Léda avec le Cygne. H. 66. L. 86.—T.

INCONNU.

66 — Portrait d'un jeune homme. H. 37. L. 34.

WILDENS ET RUBENS.

67 — Le Christ et la Samaritaine au puits. Les figures sont de grandeur naturelle. Ce beau tableau est d'une conservation parfaite. Il provient d'un ancien couvent d'Ath. H. 194. L. 187.—T.

VAN TILBOURG.

68 — Intérieur.—Un homme dans la fleur de l'âge prête toute son attention à ce qu'une jeune fille semble lui dire. Un jeune homme attend pour verser à boire qu'elle ait fini de parler. H. 48. L. 51.

OSTADE (Adrien.)—Esquisse.

69 — Intérieur d'une Chaumière, où plusieurs paysans sont à boire en chantant. H. 20. L. 28.—B.

JORDAENS (Jacques).

70 — St.-Andrea. H. 64. L. 49.

JORDAENS (Jacques).

71 — St.-Jean, apôtre. H. 64. L. 49.—T.

JORDAENS (Jacques).

72 — St.-Jacques, apôtre. H. 64. L. 49.—B.

INCONNU.

73 — Marine, dans la manière de Van de Velde. H. 70. L. 103.—T.

INCONNU.

74 — Nature morte. Des fruits et un homard sur un
plat. H. 52. L. 77.—B.

VAN SON (J.)

75 — Le milieu du tableau représente la Vierge et
l'Enfant Jésus. Ce groupe est entouré d'une guirlande
de fleurs et de fruits secs, peints par J. Van Son. H. 112.
L. 80,—T.

PALAMÈDES.

76 — Une réunion de soldats dans un camp. H. 62.
L. 81.—B.

MURILLO (manière.)—Esquisse.

77 — Deux Savoyards mangeant du melon et des
raisins. H. 115. L. 90.—T.

MOMPER.

78 — Paysage. H. 46. L. 73.—B.

MOMPER.

79 — Paysage. H. 50. L. 66.—B.

HOGGARTH.

80 — Caricature sur la Cour. H. 80. L. 140.—T.

ECOLE ESPAGNOLE.

81 — Portrait d'un Enfant, signé M. D. H. 101.
L. 71.—B.

MIEL (Jean).

82 — Intérieur d'une Chambre rustique, avec plusieurs figures. H. 56. L. 82.—T.

BOLL (F.)

83 — St.-Joseph enseignant la lecture à l'Enfant Jésus. Ce tableau est d'un dessin très-correct; la couleur en est vigoureuse et transparente. H. 84. L. 66.—B.

BOURQUINGON.

84. Une Bataille. H. 58. L. 93.—T.

KOCK (Conzales)—attribué.

85 — Portrait en pied d'un Seigneur. Dans le lointain l'on voit un château d'une riche architecture. H. 54. L. 38.—B.

MOMPER et BREUGHEL.

86 — Ce tableau représente un marché aux bêtes, dans lequel on voit des centaines de figures très-spirituellement touchées et parfaitement bien rendues. La lumière qui éclaire le second plan est remplie d'effet. H. 114. L. 238.—T.

VAN OPSTAL.

87 — Portrait d'une dame (ovale).

VANDER NEER (Arthur).

88 — Paysage surprenant pour l'effet, le coloris, la perspective : d'un côté il représente la vue de Harlem dans le lointain; de l'autre côté un chemin avec plusieurs habitations. Tableau un des plus capital du maître. H. 93. L. 139—T.

DOEBBELS.

89 — Une mer agitée, avec plusieurs vaisseaux à voiles : belle et riche composition. H. 82. L. 53.—

OTTO VENIUS.

90 — Suzanne surprise par les vieillards. H. 85. L. 120.

MICHEL-ANGE DE CARAVAGE (attribué).

91 — Le Disciple d'Emaeus. Ce tableau se trouve répété dans la galerie nationale à Londres. H. 95. L. 95. T. —

MIGNARD (Pierre).

92 — Portrait représentant Suzanne-Elisabeth de Lorraine d'Elbeuf, duchesse de Mantoue. Elle est peint on ne peut plus agréable, correct de dessin et riche de couleurs : le tout est un chef-d'œuvre de l'Ecole Française. H. 123. L. 95. — T.

BREYDEL (le Chevalier).

93 — Une Bataille. H. 23. L. 33. — T.

DU MÊME.

94 — Une Bataille. H. 23. L. 33. — T.

GALL (Hyrominus).

95 — Tableau de Fleurs : fin et spirituellement touché. H. 145. L. 95. — T.

FYT (Jean).

97 — Une Meute de Chiens braques, lévriers et épagneuls. : largement touché. Le peintre paraît avoir recherché les positions les plus difficiles à dessiner, et il a su les rendre avec un rare bonheur. H. 120. L. 185. T.

BREUGHEL.

97 — Une Corbeille de fleurs et fruits. A droite du

tableau un verre avec un bouquet de fleurs. H. 47.
L. 70.—B.

KWAST (Peter.)

98 — Grisaille. Grande composition représentant le
Bonheur et le Malheur de la vie humaine, et portant
cette devise :

Elk zyn deel heeben.
Je désire avoir sa part.
H. 75. L. 105.

MIGNARD (Pierre).

99 — Sujets de famille. Le peintre a imité Van
Dyck dans ce beau tableu, auquel des connaisseurs
l'attribuent. H. 108. L. 91.—T.

VAN DER VENNE.

100 — Tête de Vieillard, peint dans la manière de
Rembrandt. H. 51. L. 41.—B.

BOONEN ARNOLD.

101 — Portrait d'un Magistrat hollandais. H. 86. L. 68. T.

BOUCHER.

102 — Petit sujet mythologique. H. 56. L. 44.—T.

INCONNU.

103 — Un réchaud avec un plat et des œufs. H. 45.
L. 38.—T.

VAN DYCK (Ecole).

104 — Portrait d'Homme. H. 49. L. 38.—B.

LE DUC.

105 — Des Soldats dans un corps-de-garde. H. 54. H. 66.—B.

INCONNU.

106 — Des faisans, des perdrix, artichauts et autres objets. H. 102. L. 150.—T.

MIERIS (Ecole).

107 — Petit joli tableau représentant un Buveur. H. 21. L. 18.—B.

VAN DYCK (Ecole).

103 — La Mort de St.-François au stygmat. H. 46. L. 35.— T.

INCONNU.

109 — St.-Marc, évangéliste. H. 63. L. 48.—B.

INCONNU.

110.—Portrait ovale.

SAUVAGE.

111 — Grisaille. Tête évangéliste. H. 75. L. 57.—T.

DU MÊME (pendant).

112 — Grisaille. Tête d'un Évangéliste. Ces deux grisailles sont une imitation de marbre on ne peut plus parfaite : c'est à s'y méprendre. H. 14. L. 57.—T.

OTTO MARCELLIUS.

113 — Représentant un chardon, insectes, papillons, et plusieurs reptiles, d'une exécution vraie et d'un fini précieux. H. 33 L. 22.—B.

RUTHARTS (J).

114 — Sacrifice offert à Diane par des nymphes chasseresses.

DU MÊME.—*Pendant du précédent.*

115 — Une nymphe couchée à côté du produit de sa chasse.—Beaux tableau de salon.

STORK (Abraham).

116 — Port de mer d'Italie. Plusieurs vaisseaux et chaloupes chargés d'une multitude de peuples de différentes nations.

REUSHC (Rachael).

117 — Fleurs et insectes. H. 68, L. 54.—T.

GIORDANO (Lucas).

118 — Belle et riche composition. H. 115. L. 110. B.

MOLENAER (Claes).

119 — Le roi boit, dans la représentation de cette fête, où diverses physionomies sont animées d'une gaieté naturelle. Tableau bien conservé, d'une belle transparence et couleur. II. 45. L. 62.—B.

DOEBBELS.

120 — Une mer furieuse avec plusieurs grands vaisseaux dans le lointain. On voit le port de Southampton. H. 77. L. 120.—T.

DU MÊME. — *Pendant.*

121 — Marine calme avec plusieurs vaisseaux à l'ancre ; d'autres se préparent à partir. Dans le lointain on

voit la ville de Rotterdam. Ces deux tableaux sont d'un effet remarquable ; leur coloris est plein de puissance et de vérité. H. 77. L. 120.—T.

LANGENGAN.

122 — Deux enfans représentant l'étude ; leur pose est fort gracieuse et plein d'aisance. Il n'est guère possible de faire une physionomie et une exécution qui puissent plaire d'avantage. H. 109. L. 71.—T.

VADOUN (Simon).

123 — Une bataille.

HÉDOUIN (E.)

124 —Copie faite d'après Rembrandt. H. 38. L. 45.—T.

FYT (Jean).

125 — Tableau représentant différentes espèces de chiens et de gibiers. H. 170. L. 220.—T.

INCONNU.

126 — La Flagellation.

127 — Sous ce numéro un lot de plusieurs tableaux

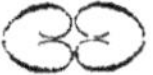